Pour Megan

Adaptation française de Marie-France Floury

Publié pour la première fois en 2002 par Orchard Books, Londres, sous le titre *Hush Little Ones*.

ISBN : 201390948.9
Dépôt légal n° 19567 – Septembre 2002 – Édition 01
Loi n° 49-956 du 16 juillet 1949 sur les publications destinées à la jeunesse
Imprimé à Singapour

Chut, bébés, chut !

JOHN BUTLER

GAUTIER-LANGUEREAU

Chut, petits oiseaux !
Repliez vos ailes.
Dormez au chaud,
dans votre nid douillet.

Chut, petits lapins ! Finies les cabrioles !

Au fond du terrier, venez vous reposer.

Chut, petit singe !
Mais tu dors déjà ?
Maman t'emmène tout là-haut
vers ton lit de branchages.

Chut, petites souris ! La journée est bien finie.

Blotties au creux du nid, dormez maintenant.

Chut, petits lions !
Arrêtez de chahuter.
Couchez-vous autour de moi.
La nuit tombe déjà.

Chut, petit pingouin ! Endors-toi.
Ton papa te protège du froid.

Chut, petit kangourou ! Ferme bien les yeux

et plonge dans tes rêves. La lune se lève.

Chut, petits ours !

Il est l'heure. À l'abri dans la tanière,

réchauffons-nous tous les trois.

Chut, petit zèbre ! À demain.

La lune veille sur toi, et les étoiles brillent.

Chut, petits canards ! Il est tard...

Tous en rond, installez-vous.
Tous en rond, endormez-vous.

Chut, petite baleine ! Tu as sommeil.

Dans l'océan profond résonne ma chanson.

Chut, petits enfants !
Tout est endormi.
C'est l'heure de rêver.
Bonne nuit !